Klassik-Hits

für Sopranblockflöte
zusätzlich mit 2. Stimme

Classical Hits

for descant recorder
with additional 2nd part

Les Tubes du Classique

pour flûte à bec soprano
avec 2nde partie supplémentaire

herausgegeben von / edited by / édités par
Hans Magolt und / and / et Rainer Butz

ED 9576D
ISMN 979-0-001-21278-6

www.schott-music.com

Mainz · London · Madrid · Paris · New York · Tokyo · Beijing
© 2003/2020 Schott Music GmbH & Co. KG, Mainz · Printed in Germany

Der Frühling

aus „Die vier Jahreszeiten" (~1725)

Antonio Vivaldi
1678-1741

Track 1/22

Arrangements: Rainer Butz

Allegro

Fine

D.S. al Fine

Der Vogelfänger bin ich ja

Track 2/23

Arie des Papageno aus der Oper „Die Zauberflöte" (1791)

Wolfgang Amadeus Mozart
1756-1791

Da Capo

O Haupt voll Blut und Wunden

Choral aus der „Matthäuspassion" (1729)

Johann Sebastian Bach
1685-1750

Das klinget so herrlich

Chor der Sklaven aus der Oper „Die Zauberflöte" (1791)

Wolfgang Amadeus Mozart
1756-1791

Guten Abend, gut Nacht

Wiegenlied (1868)

Track 5/26

Johannes Brahms
1833-1897

Zart bewegt

Prélude

aus dem „Te Deum" (~1703)

Marc-Antoine Charpentier
~1635-1704

Andante

aus dem 2. Satz der Sinfonie Nr. 94 „Mit dem Paukenschlag" (1791)

Joseph Haydn
1732-1809

Freude, schöner Götterfunken

Track 8/29

aus dem 4. Satz der 9. Sinfonie op. 125 (1823)

Ludwig van Beethoven
1770-1827

Wir winden dir den Jungfernkranz

Chor der Brautjungfern aus der Oper „Der Freischütz" (1821)

Track 9/30

Carl Maria von Weber
1786-1826

Andante quasi Allegretto

La donna è mobile (O wie so trügerisch)

Arie des Herzogs aus der Oper „Rigoletto" (1851)

Giuseppe Verdi
1813-1901

Dal Segno

Kaiserhymne

aus dem 2. Satz des Streichquartetts op. 76 Nr. 3 „Kaiserquartett" (1797)

Joseph Haydn
1732-1809

© 2003 Schott Music GmbH & Co. KG, Mainz

Ombra mai fù („Largo")

Arie des Xerxes aus der Oper „Xerxes" (1738)

Georg Friedrich Händel
1685-1759

© 2003 Schott Music GmbH & Co. KG, Mainz

Die Moldau

aus dem Zyklus „Mein Vaterland" (1874)

Track 13/34

Bedřich Smetana
1824-1884

Allegro commodo non agitato

Toréador, en garde! (Auf in den Kampf, Torero!)

Arie des Escamillo aus der Oper „Carmen" (1874)

Track 14/35

Georges Bizet
1838-1875

Allegro molto moderato

leggiero e con ritmo

Barcarole

Track 15/36

Duett aus der Oper „Hoffmanns Erzählungen" (1880)

Jacques Offenbach
1819-1880

Ouvertüre

zur Oper „Der Barbier von Sevilla" (1816)

Gioachino Rossini
1792-1868

Allegro vivace

Treulich geführt

Brautchor aus der Oper „Lohengrin" (1848)

Richard Wagner
1813-1883

Moderato con moto (Mäßig bewegt)

Va, pensiero (Flieg, Gedanke)

Gefangenenchor aus der Oper „Nabucco" (1842)

Giuseppe Verdi
1813-1901

Largo

D.C. al Fine

Eine kleine Nachtmusik

aus dem 1. Satz der Serenade KV 525 (1787)

Wolfgang Amadeus Mozart
1756-1791

Schwanensee

Track 20/41

Hauptthema aus dem Ballett „Schwanensee" op. 20 (1876)

Peter Tschaikowsky
1840-1893

Moderato

1.x *p* espressivo
2.+3.x *f* senza legato

3.x *mf* e diminuendo al Fine

Fine

1.x
2.x sempre *f*

cresc.

f

f

1.

2.

D.C. al Fine

Cancan

Track 21/42

aus der Operette „Orpheus in der Unterwelt" (1858)

Jacques Offenbach
1819-1880

Allegro

Schott Music, Mainz 51 066

24

Inhalt / Contents / Contenu